JN440029

# 누치 떼를 보다

# 누치 떼를 보다

공영구 시집

그루 시선 100

그루

## 시인의 말

내가 미처 짐작하지 못한 진실의 눈을 뜨게 해 준 시.

문학에 취해 시세계에 발을 담근 지도 어언 스무 해가 넘었다. 팔리지도 않고 읽어 주는 이 없어도 쓰고 또 쓴다.

덧없고 사소한 우리들의 삶이 시에 의해 구원받을 수 없다 하더라도 적어도 견디며 살아가는데 힘이 된다고 믿고 싶다.

불어오는 소슬바람을 손가락으로 잡으려는 심정으로 한 단어 한 구절씩 바로 세우고 돌려세우면서 맺힌 마음을 술술 풀어 본다.

2018년 초가을

남천에서 慈山 공영구

# 차례

## 3 여자의 마음



## 4 오슬로 쟁반

## 5 몽돌밭



## 6 저 눈빛

## 7 해당화



## 해설

# 1 왕버들 웃다

# 나비처럼

풀 향기 들락날락하는 여름날
나비가 분주하게 꽃에서 꽃으로 옮겨 다닌다.

한 꽃에게만 가는 일 없고
한 꽃에게만 머무는 일 없다

한밤 어느 여인의 앙칼진 소리

“또 어느 년하고 놀다 왔노?”
“하루 이틀도 아니고 거서 살지 와 왔노?”

이웃집 싸우는 소리에 잠 깬 밤, 흐흐흐
나비가 되고 싶은 마음 불현듯 스친다.

# 혹시나

춤방 드나드는 운동선수들
남자나 여자나
늙으나 젊으나
언제나 가슴이 부풀어 오른다

호흡 잘 맞는 이성 만날 것 같은 예감
모처럼 땀 빼고 즐기다 올 것 같은 기대감
이상하게도 갈 때마다 느낌표 달고 가지만
혹시나 하고 가 보면 현실은 역시나

스텝이 엉키면 말이라도 걸어 보겠는데
홍길동의 애비처럼
품위 유지 생각하며 점잖 빼다가
낙동강 오리알 된 적 허다하건만

오늘도
한물간 풍신은 생각지 않고
상대를 굴비 엮듯이 엮을 기회만 노리는
한심한 냉가슴들

뽕짝 반주에 돌고 또 돈다
젠장맞을 연놈들 발바닥에서
들숨과 날숨이 퀵퀵 부풀어 오르는 춤방

# 숫돌 2

늙은 여자의 굽은 등이
마당 모서리에 앉아 있다
움푹 파인 헐렁한 곡선
세월을 껴입은
해진 시간이 보인다.

허기진 시집살이였을까
울컥울컥 마셔대던 맹물마저
뭉글뭉글 쏟아낸 매운 눈물로
얼룩진 몸뚱이

까마득하다
가끔씩 숨죽인 울음소리

무딘 칼날에 닳고 닳아
깡마른 지문 모두 지워졌다

휑한 어깨너머로 보이는
둥글게 파인 저 가슴

가난도 넉넉히 품을 수 있는
종갓집 맏며느리의 후덕한 얼굴이다

# 왕버들 웃다

주산지 놀러 간 세 여자
시퍼렇게 일렁대는 왕버들에 반해
바람 타고 숲 깊숙이 들어갔는데

하필 그때 찌릿찌릿
오줌 마려워
두 여자 망보고
차례로 엉덩이 깠다

그래서, 숫버들
참 많이 꼴렸다

그것도 모르고 여자들
물색없이 한 번씩 굵은 나무둥치
안아 주고 왔다는데

왕버들 내년엔
더 푸르고 싱싱할 거다
되돌아가는 탱탱한 엉덩이
오래오래 기억하고 있을 거다

## 가슴이 없다

어쩌자고 주위 사람들
가슴이 자꾸 없어지는지

떠다니는 저 달은 빛이란 것이 있고
흔들리는 나무도 그늘이란 것이 있고
흐르는 물에도 생명이란 것이 있다

그러나
사기꾼은 가슴이 없다
의붓딸을 학대한 계모도
조폭 똘마니도
허우대 멀쩡한 고위 공직자도
무언가를, 누군가를 사랑하는 가슴이 없다

동구 밖 선돌마저
벙어리가 되어 있고
짖어대던 강아지도
세상 돌아가는 것 하도 어이없어
멍하니 허공만 바라보는 요즈음

## 헛물

가랑잎 닮은 여인들이 많다기에
진한 초록색 티를 입고 거리로 나선다.

이런 날은 비가 와도 좋고
을씨년스런 바람 불어도 좋다

객지에서 뿌리내린 지 수십 년
그래도 동행할 이 없다

힐끗힐끗 보는 이는 가끔 있어도
내가 뚫어지게 보는 것은 광고판이다

"가족처럼 지낼 분
월수 삼백, 숙식 제공"

싸구려 향수 냄새에 고개 돌리니
나를 에워싸는 여인, 여인들

# 참 좋다

불어대는 꽃샘바람
그 바람 타고 느닷없이 배달된 시집 두 권
책 속에 고이 끼운 사진 한 상
눈매도 그대로 머릿결도 그대로
친숙한 이름 빼고는 모두 낯설지만
오십 년 먹어 온 밥반찬처럼
입맛 당기는 말 한마디
"지금이라도 너를 알아서 참 좋다."
새침하던 속마음 어깨 살에 붙었나?
뱃살에 붙었나? 그래도
푸근하게만 느껴지는 다정한 그녀 얼굴
"그래, 나도 참 좋다."
꽃샘바람 그치면 우리도 새순 틔워 볼래?

# 동창생

오월의 봄기운 삼키느라
장끼가 꺼억, 꺼억 울어댄다.

동창회 오라는 편지 보는 순간
괜히 가슴이 설레고 두근거리는 마음

몇몇 얼굴 떠오르고 가물거리고
안 보니 궁금하고 보면 더 반가울 텐데

샴푸로 머리 감고 얼굴에 로션 바르고
봄옷 골라 입고 허둥대며 찾아갔다

한참 얘기하다 보니 아슬아슬하다
내년에 또 볼 수 있을까
혹시 아프지나 않을까 하면서
손 굳게 잡고 일일이 인사하면서
억지로 크게 웃으며 건강한 척하는
얼굴, 얼굴, 얼굴들

# 아버지의 손

부잣집 귀한 손 뽀얀 손
먹물 묻어 씻으면 붓털 같던 그 손
전쟁통에는 이도저도 아닌 어정쩡한 손
쫓기고 숨느라 마구 비비던 손
방앗간 원동기 돌리던 기름진 손
볏가마니 업고 지던 우악스런 손
사람 손 아니고 나무뿌리 닮았다
악수할 때마다 미적대며 부끄러워하던 손
지문 없어도 석돌처럼 거칠어도
밭 매다 풀물 배어든 푸르죽죽한 엄마 손보다
내 손 한 번 다정하게 잡아 준 적 없는
주머니에 넣어도 환하게 빛나던 손

# 등

할머니 등처럼 굽은 것들 있다
노동의 흔적
옷에 묻은 먼지인 양
작은 존재는 희미하여 느껴지지 않지만
쌓이고 또 쌓이면 변하기 마련

물에 푹 담가서 거품이 날 때면
불어터진 몸뚱이 편안히 눕는 숫돌
밀 때는 힘차게 당길 때는 살살
물이 마를 때까지
대각선으로 밀어붙인다.

등에 흔적이 남을 때
두께만큼 뭉툭한 것이 파르르 날이 선다.
점점 날이 선다.
등이 파이고 굽어든다.
마당귀에 뒹구는 돌덩이
할머니 등처럼 굽은 것들 있다.

# 2 낙엽들

# 가로수

저 깡마른 생生들
죽지 못하고 죽을 수도 없는

물관 타고 오르는,
그러나

일렬의 힘
울컥울컥 밀어 올리는 초록

# 환청

비 오는 날이면 가끔 무너지고 싶다.
발 푹푹 담그고 진흙에서 허우적대며
발광하는 날
황톳물에 뛰어들어 머리부터 발끝까지
붉은 흙 뒤집어쓰고
잔디밭에 놀러 온 지렁이랑 함께
뒹굴고 싶은 충만의 순간
말없이 나를 보아주던 저 전선의 그윽한 눈길
겉은 차가우나 속이 뜨거워 기운 넘치는 친구
오늘
하늘 저 끝에서 부른다고 서둘러 갔다
'청산은 아름다운데 가는 길이 어둡다'
요란한 빗소리에 똑똑하게 들리는 그 목소리

# 낙엽들

하늘이 내려앉은 듯
꽉 막힌 체증처럼
저 산에, 보이지 않은 상처가 많은가 보다

짓이겨지는 낙엽들
거듭거듭
찬비에 젖어 바닥에 납작 붙는데
또, 뚝 떨어지는 저 잎사귀
바람 부는 줄 알았더니
발갛게 물든 세월이 무거운 거다

어린 시절
사립문 밖으로 몰려다니던
그 낙엽들…….

# 빗방울

뭉게뭉게
몰려 있을 때는 몰랐다
뿔뿔이 내려 흩어지는, 순간
찢어지는 아픔보다
외로워서 두렵다
누구는 어두운 얼굴이 맑아지고
누구는 맑은 얼굴이 어두워진다
땅에 닿는 순간의 설레임보다
어느 풀잎에 들어 꿈꾸고 싶다
또다시 몸 섞어
들로 강으로 향하는 노래, 노래들이
풀어내는 꿈결 같은 풍경이다.

## 거미

솔개가 비둘기 채 가듯
잽싸지도 않고
개구리가 먹이 채듯
한껏 입 벌리지도 않고
한나절 슬슬 노는 듯 그물망 치고
그늘진 귀퉁이에 눈 감고 누워
바쁘지도 애타지도 않게

조급증 많은 요즘 아이들
뒷일 생각없는 고양이처럼
햇살 따신 마루에만 걸터앉아
갈잎처럼 흔들린다

작은 가슴 콩닥콩닥 졸였을
해 지고 날 샐 때까지
기다림과 여유는 거미의 간이역처럼
열차 시간을 놓치지 않는다.

# 봄, 울타리

봄날은 오지 않고
꽃망울 맺느라 분주한 한나절

제법 턱수염 텁수룩한 청년
개나리 울타리 다듬는다

꽤 오랜 시간
나무들 이윽고 단정해졌다

보기는 참 좋다만
아, 저 잔인한 정열!

차디찬 바람 과수원까지 불 때면
멀리서 가늘게 느껴지는 봄기운

# 시월

다시
돌아온 시월

낙엽 쌓이고
기온 뚝뚝 떨어진다.

혈압 오르고
사랑 식어 가듯이

신축 아파트 가파르게 올라가고
댐 저수량은 뚝뚝 떨어지고

저런, 또
준비 없는 시월이다

아니
손톱을 세워야 할 시월인데

흐느적거리는
관광버스 행렬이 세워져 있다

# 누치 떼를 보다

강 옆 지나치다가
햇살교 다리를 지나치다가
누치 떼들 몰려다니는 거 본다.

꼬리 많이 흔드는 놈
배 자주 뒤집는 놈
먹이 찾아 요리조리 더듬는 놈

우리네 사는 모습과 꽤 닮았다
큰놈이 앞에 있고
다음 큰 놈이 뒤에서 어슬렁거린다.

어쩌면, 왕따도 가정 폭력도 없고
성폭력 존속 살인도 없는 세상
그래서 햇살에 반짝이는 상처 없는 비늘들

수초 자욱한 길을 겁 없이 오가며
살랑살랑 흥겹게 노니는
세상 물정 모르는 누치 떼의 유유한 하루

# 눈 내리는 저녁

하얀 눈을 맞으며 겨울을 맛본다.
춤추며 내리는 눈을 보니 춤추고 싶다
땅 위에 떨어지면 죽을 것을 알면서도
나뭇가지에 매달려 애원하지도 않고
곧장 춤을 추며 밀고 당기며 즐거워한다.

길 건너 번쩍이는 성인텍 불빛 따뜻하다
모든 사람들이 나를 알지 못할 것을 믿으면서
춤의 유혹에 빠져 뿌리치지 못하고
곧장 음악에 취해 몸을 흔들며 즐거워한다.
따끈따끈한 가녀린 손 잡고 겨울 맛을 본다.

눈송이들이야 춤추든지 말든지
저 눈들이 녹든지 말든지

# 봄이 와도 걱정

날씨 고르지 않아 봄이 와도 걱정
서산은 흰 구름 야금야금 먹어대고
동산은 먹구름 울컥울컥 토해 낸다
엿가락처럼 하루가 길어지고
몸 푼 개울물엔 그리움이 둥둥
그래도 꿈 부풀리는 노란 꽃망울

녹슨 연장 둘러보는
촌로의 두 눈
희망이란 낱말
볼 주름으로 흘러내리고
퇴행성관절염으로 굽어진 손마디
선명한 핏줄

젊은 날 시련 허겁지겁 몰려와
불탄 감나무 등걸에 기대어
죽은 듯 눈 감고 있던 골병들
후두둑 내리는 빗소리에 기지개 켜다가

몰려오는 샛바람에 움칠, 숨 멈춘다.
자칫, 식물인간 될까 껌벅이는 눈망울

# 이럴 수가

까맣게 잘 익은 포도 한 알
조심스럽게 입에 넣고
오물오물
껍질 뱉어 낸다

참 많이 미안하다

붉고 달짝지근한 속살
그토록 온전하게 감싸 온 껍데기

초야의 아픔처럼 터진 상처
약 발라 주고 보듬기는커녕
꾹꾹 씹어서 쓰레기통에 처넣다니

둥글둥글 살아온 넉넉한 삶이
흉측하게 찢어진 음부를 닮았다

# 돌담 길

돌담 돌멩이 동네 사람들 얼굴
매일 마주보고 기대야 하듯
정이 돌돌 묻어 있다.

담 너머 감나무 참새 두 마리
서로 등 돌려 비비대고 있다
그리고 입도 쪽 쪽

하늘의 별이 많아도
돌담길 담구멍 만큼 많으랴
아무도 모르는
그 어마어마한 숫자만큼

상여 지나가듯 휘– 한번 둘러봐도
얼기설기 쌓여진 돌 사이
온 동네 웃음소리 다 보인다

# 3 여자의 마음

# 오른손 지팡이—윤尹

핸드폰 만지작거리다 연락처 눌러 본다
강 씨부터 황 씨까지
몇 백 명이 다소곳이 불러 주기만 기다린다.
그 중에 윤씨들만 눈 부릅뜨고 나를 노려본다.
친한 친구나 괘자 친구나 다 마찬가지다
모두들 남에게 지기 싫어하고
자기 마음대로 하려는 성깔이 반짝인다.

조선을 호령한 이태조의 금척 닮은
선율 가다듬는 합창단 지휘자의 지휘봉
교봉 흔들며 수업 진행하는 선생님
공자는 사십에 지팡이 짚고 마당 돌았고
예순에 천하를 휘저을 때 동행한 애장품

막대기 잡은 힘은 참 위대하다
지팡이 다스리는 오른손이 더욱 돋보인다.
그래서 남다르게 강한 성격의 윤씨들
지팡이만 없으면 축丑 씨 될 뻔한 윤씨네들

# 내 몸의 촉수—활活

언제부터인가
아침에 일어나면 입이 마르다
혀를 이리저리 굴려 보면
용하게 침이 생기고 생기가 돈다.

지난날
어머니는 늘 입 쓰다고 하시면서
알사탕 한 알씩 잡수셨다
아버지도 입 마른다고
물에다 소주 조금씩 타서 드시곤 했다

입안에는 침 있어야 하고
혀에는 물기 돌아야 한다.
물 없는 혀는 그냥 살덩어리
물 만나야 부드러운 혀가 된다.

예전의 아버지 나이만큼 먹은 지금
방법은 달라도

아침이면 매실차 한 잔으로 혀 달랜다.
살아 꿈틀대는 삶의 뿌리 위하여

# 문자 한 통—도刀

늘 칼자루 쥐고 있다고 생각해 왔다
그러나 한 번도 너를 베어 본 기억 없고
번번이 상처 입고 있었다.

너와 나의 싸움 끝은
내 몸이 슬퍼서 눈물 흘릴 때
네 손으로 눈물 닦아 주고
문자 한 통에 그냥 고개 끄덕인다.

오늘도
서서히 몸 달아오르는 것을 보니
요번에는 작은 생채기라도 꼭 내리라 하고
앙심 품고 칼자루 휘두르는데
눈도 깜짝 않고 손수건 다리는 널 보니
다리미의 열기에 또 내가 식어 가고 있다

자괴감에 빠져 허우적거리던 날
어김없이 '까꿍' 하는 카톡 소리

‘억울하고 슬퍼도 실컷 참고
하염없이 사랑하자’

## 여자의 힘—안安

집에만 있는 여자

그릇과 여자는 밖으로 돌리면 깨어진다고
늘 집 지키는 엄마가 고왔다

돈 번다고 밖으로만 돌던 누나
논 사고 밭 사고
담장 쌓고 지붕 올리고
집안 일으키는 누나가 더 고왔다

집에 있든지 밖으로 돌든지
집안 떠받치는 여자의 힘
가족들 늘 편안하다
가슴 따뜻하게 한다.

집에 여자 잠시만 없어도
기둥 하나 사라진 듯 허전하다
여자 품은 가정처럼 아늑하다
아니, 집에는 여자가 있어야 훈기가 돈다.

# 멀리 보다—간看

아버지 장에 갔다가 오시지 않는다.
엄마는 동구 밖 자꾸 내다본다.
흰 두루마기 펄럭이면 행여나 하고 또 본다.
볼 때마다 눈 위에 손 얹는다.
그래야 더 정확하게 더 멀리 볼 수 있단다.
요즘 나도 습관처럼 멀리 볼 때는 손 올라간다.

신기하다.

# 여자의 마음—법法

지리산 쌍계사 계곡엔 맑은 물이 항상 흐른다.
법고루 주연에 법문을 읽다가 法에 눈이 고정되었다

절로 출발할 때만 해도 다정했던 연인
퉁퉁 부어서 각각 내려오던 한 쌍이 생각나서

법法
물이 흐르는 이치

어디로 가는지
언제 변할지
무얼 만날지
모르고, 모르고 또 모르고
변하고, 변하고 또 변하고

반평생 함께한 아내
아직도 그 속 모를 때가 더 많다

물은 고정이 싫어 늘 변한다.
그래서 여심도 늘 움직인다.
그래서 여자의 마음이 바로 법인 것을

# 사랑이란—애愛

사랑이란
잘 다듬어진 손톱으로
정든 이의 단단한 가슴속
알 수 없는 마음을 시원하게 긁는 것

아프거나 생채기를 내면
토라져 성을 내고
대충대충 긁적이면
안달하며 다가와 귀찮게 하는

보이는 등짝 긁을 때도
여기저기 하는데
안 보이는 임의 마음
기분 좋게 하기란

더욱이
가려운 곳을 미리 알아서
시원하게 긁어 주기란 참

# 4 오슬로 쟁반

# 향일암

암자 아래 바다
바다 끝에 암자

서로 팽팽한 평화를 누리고 있다

암자 벼랑 아래, 노는
작은 파도들

태풍을 머금은 저 바다
불타는 암자를 기억한다.

# 별 보는 섬

별무리, 먼 길 왔다
바다 건너 여기 외딴곳

나지막한 산기슭에 내려
찰박찰박
발가벗고 있는지
붉은빛이 감돈다.

서둘러 여름숲을 떠나고 있다
짧디짧은 밤이다
섬에 어린 눈매
옥수수 잎처럼 풀린다.

# 오슬로 쟁반

장정 여섯 명이 큰 쟁반을 받들고 있다

비스듬히 기운 쪽은 늙은이가 반대쪽은 젊은이가 들고 있다
기운 듯해도 웃고 있는가 하면, 오히려 힘센 쪽이 낑낑대는 모습이다

화내고, 슬퍼하고, 미소 짓고. 무표정한 얼굴, 얼굴들

젊은이 만용과 늙은이 노련함이 한몫하는 쟁반 밑의 희로애락을 보며
"안녕! 친구들!"하며 말을 걸었다
그때, 비겔란이 나 보고 웃고 있었다. 엄지 세우고 나를 치받들었다

살아가는 것, 앞뒤 사정 안 보아도 비스듬한 쟁반에서 흐르는 물처럼 하루하루 흘러간다. 수많은 다른 눈들을 바라보면서

*비겔란 : 비겔란 공원을 직접 설계 조성하고 자신의 조각품을 전시하여 시민들에게 무료로 개방하게 한 스웨덴 조각가

# 코펜하겐 시청사

그곳에는 그 옛날 광영은 없었다.

시청사에는 비둘기 수백 마리 사는데요.
글쎄, 외국 관광객들 손에 들린 과자를
날름날름 쪼아대지 뭡니까
검은 부리 반들반들 윤나지만
날카로운 이빨 숨기고 있는 듯하다

동화처럼 웃고 있는 안데르센 동상에게
왜 이리 살벌하냐고 대거리하며 욕해 본다.
똥 싸고 먼지 일으키며 우르르 다가오는
구겨진 모습의 겁먹은 토종 얼굴들
모르긴 해도 기가 한참 죽었다

종일 펄럭이는 시청사 국기를 바라보는 눈, 눈들
그곳에는 하늘만 그 옛날처럼 평화롭고
비둘기 닮았는지 국기만 조급하게 펄럭이고 있다

# 분천의 하늘

산골에서 맞는 싸늘한 봄날
산빛 물빛이 그래도 다르다

역사 오른쪽에 있는 맞이방에서
누군가가 남긴 쪽지글 읽다 보니
쪽지처럼 작은 집들이 듬성듬성 얽혀 있는
분천의 얼굴이 보고 싶어졌다

산 사이에 있는 길쭉한 계곡
용이 지나간 흔적처럼
쓰러진 옥수수 대궁 끝의 강줄기에
분천의 하늘이 출렁인다.

하늘 가르는 카랑카랑한 굉음
술병처럼 옆으로 고개 쓱 내미니
협곡열차가 용이 되어
계곡을 날은다. 날아간다.

한 뼘 해 걸려 있는 뒷산을 오른다.

# 빈속

도토리 속이 녹아내려 바닥이 시커멓게 된
선운사 냇물은 언뜻 보기에 참 맑아 보인다.
돌과 낙엽이 거뭇거뭇해서 더 맑다

천왕문 입구 벚나무는 좁쌀 같은 꽃순 움 틔우는데
썩은 나무토막 하나 길가에 모로 누워 건방지게 길손 맞는다.

꽤나 오래된 듯 껍질은 없고 속살마저 패여 있다
뒤로 돌아서 보니 속이 없다
배알이 없다

텅 빈 속

부처님 모시는 몸이라 성 한 번 못 내고
몇백 년 살아오는 동안 그 많은 사연 다 삭이느라
속 다 태웠나 보다. 새까만 똥 수없이 싸고 또 싸고

빈속에 뱃심인들 있을까
모진 태풍에 팔 부러지고 허리 부러지고
벼락맞아 한꺼번에 속 확 비워냈는데도
시치미 딱 떼고 비운 속 안고 공덕 쌓는 너

참 우러러보이는 속 빈 나무 등걸
여기 불상도 속이 비어 있다던데

# 망덕포구

저만치서 훅 갯바람 들이닥치면
비린 냄새 확 에워싸는 포구
풀벌레마저 숨죽이는 초저녁
가로등만 별빛 아래 졸고 있다

망덕의 숱한 사연 묻어 버리려고
달은 곧장 물길 따라 달려간다.

바다횟집 저 아지매
소라 고동 까는 분주한 손
희끗희끗 빛나는 밤이다

# 천지물 한 모금

육십 평생에 처음 밟은
고구려 옛 땅

백두산 천지에 올라
심호흡 수십 번
사진은 달랑 석 장
운 좋게 얻어먹은 천지물 한 모금

목젖 타고 내려가 등줄기까지
찌르르 전해지는 가슴 벅찬 전율
쭉쭉 뻗은 애국지사의 혼인지 몰라도
또박또박 '민족'이란 낱말 되씹었다

뒤돌아오는 길 내내
분단의 아픔 그려 보며
세찬 바람소리 자자지기를 바라는
힘차고 늠름한 내 그림자가 놀랍다

# 사지포 제방에는

아침부터
해가 나왔다가 들어갔다가
미친년 치맛자락처럼

여기저기 펼쳐진 숲과 물
그 가운데로 용하게 나 있는 물길
아마 고기들이 낸 모양이다
길을 따라가면 붕어, 가물치
메기도 있단다.

가끔은 도요새와 물새 떼
새로운 길 안내할 때면
놀란 개구리, 메뚜기
큰 눈 더 커 보인다.

젖줄 같은 물길 있어 고향 같다
혼자 노 저어 가는 저 어부
닻 내리는 곳이 엄마 품이다

# 소원등

베트남 향강 변
일렬로 늘어선 덕장의 명태처럼
생각 없이 출렁이며 춤추는 등불들

누군가의 소원 풀어 준다는 소원등
작고 가느다란 촛불 언제 꺼질지 위험하다

기름 한 방울의 보시로
잠시 후면 꺼질 거라며 아쉽게 돌아섰던 그 여인
끄려고 해도 밤새도록 꺼지지 않았던 그 등불

남보다 더 큰 정성 보이려는 환한 불꽃들
바람 불 때마다 강가에서 몸사리는
소원등 행렬이 오늘따라 아슬아슬하다

저 멀리서
"정성이 간절하면 꺼지지 않으리라"
석가모니의 음성이 들리는 듯
돌아보고 또 돌아본다.

# 5 몽돌밭

# 생불

목욕탕에 벌거숭이들이 꽉 찼다
가끔은 곁에 올까 겁나는 이도 있다
굵은 팔뚝이나 허벅지에 새긴
'희망'이나 '일심一心'은 애교지만
칼이나 창은 그래도 겁이 털컥 난다

등에 관음보살을 새긴 이도 있다
온화한 얼굴
아담한 체격이 보살 닮아 편안하다
늘 관음보살 모시고 다니기에
돌아앉은 모습
참 다정하다

# 막대기 이론

어릴 때부터
막대기 하나만 들면
종일 신명나게 뛰놀던 놈

자치기 막대. 칼싸움 막대, 지게작대기
괭이자루, 똥작대기 다 버리고
지금은 등산지팡이 하나 휘젓고 다닌다.

산길 걸을 때
별로 쓰이지 않는 것 같은데
그냥 여기저기 쿡쿡 쑤신다.

게다가 작은 구멍이라도 만나면
당연하다는 듯
깊게 그리고 천천히 찔러보고 간다.

어쩌다가 쥐구멍이라도 찾으면
음흉하게 막대기 치켜들고

발정 난 수캐처럼 미친 듯이 찔러댄다

불쑥불쑥 생각나는 그년을 그리듯
게걸스럽게 입맛 다시며
막대기는 찔러야 제맛이란다.

# 오는 세월

아침에 눈뜨니
세월이 벌써 와서 손잡고 있다
새벽부터 와 있었나 보다
아직도 더 부려먹을 일이 있기에
쏜살같이 달려왔을 것이다

기쁘다, 그리고
반갑다

방 안의 화초가 불렀나!
텃밭 고추가 불렀나!
아니면 지나던 바람이 알려 주더냐?
"아직 쓸 만하다."고

별 볼 일 없어도 이렇게 환하게 맞아 줄까
그대 품에 안긴 동안 늘 불안했던 마음 안 켠

병들고 쓸모 없어지면
곁눈질하며 들킬까 봐 슬쩍 스쳐 가겠지
그때 너의 뒷모습은 태연한 척해노
옛정에 많이 주춤거릴 것만 같다

# 몽돌밭

방금 파도가 휩쓸고 간 자리
둥근 돌 사이 저 모난 돌

얼른 눈에 띄지 않아서 지나쳤지만
발에 채인 후로 반란의 조짐이 보인다.

힘들어도 맞서 싸우는 기술 좋은 모난 돌
고통을 삼키고 삭이는 기술 좋은 둥근 돌

파도와 들썩들썩 잘도 싸운다.
몽돌밭에 오면 모두가 다 이기고 간다.

# 이장移葬

흙 속에서 풍화되어가는
죽은 이의 심장 뚝 멈추게 한
놈
그 강심장은 참 가볍겠다.

# 조문

서리 내린 자리 드러나는 가을 흙터
상처 재우는 저 날갯짓, 나비 한 마리
반짝이는 가을 햇살
낙엽들이 외진 곳에 잘 갈무리한다.
옷깃 여미는 무표정한 눈, 눈들
시간이 한참 지났는데도 아직 찾아 헤매는
주황색 영혼 가진 저 나비는
마른 꽃대에서
마침내 가을을 조문하고 있다

# 변명

하지 전후 되면 매실 딴다.
열매만 따고 나면 나몰라하고
잡초 천국 만든다.
푸지게 잘 자라는 풀들 자유경쟁
키 큰 도둑놈 갈고리부터
난쟁이 패랭이까지 가지가지다.

풀밭인지 매실밭인지 구별 안 되어도
길옆 검불 속에는 꿩도 자리잡고
고라니, 고양이도 보금자리 틀고 있다.
지상천국처럼 맥 놓고 놀아나는데
풀 베어서 거름하라는 충고도 좋지만
서리 오면 풀들도 천수를 누릴 텐데
애써 생각 없는 풀들 생매장 시킬 수가
잘사는 동물들 겨울나기는 어쩌라고

게으른 농부의 하소연인가
변명인가.

# 비우기

연잎은 감당할 만큼
빗물을 싣고 꼿꼿하게 산다.
힘에 겨우면 미련 없이, 고개 숙여
비워내고 더 신나게 산다.

가을 이슬 무게 이기려고 발버둥 치다
끝내 미풍에도 못 견뎌 떨어지는 낙엽

삶의 무게 이기지 못하고
작은 시련에도 지레
생 마감하는 못난이들 본다.

비우는 일이 참 쉬운 줄 알았는데
너무나 어려운가 보다
허공에 고개 숙이는 일이

# 약

오래오래 살다 보면
별일 다 겪는다.

할머니는 언제 제일 행복했는데
하고 손자가 물으니
"사는 게 너무 힘들어 고생밖에 모린다
행복이 뭔데"
하고 다시 묻는다.
그라마 뭐가 제일 맛없던데
"사는 게 너무 힘들어 입에 드가는 것은 다 맛있었다.
맛없는 게 어떤 것인지도 모린다."

아는 게 병이라는데
할머니는 모르고 사는 게 약이다

## 토끼와 거북이

토끼가 또 시비를 걸어온다.
다시 한 번 경주하자고

온 힘을 다해, 운 좋게
이겨서 칭찬에 들떠 있는데

너 같으면 또 하겠나
되묻고 싶은 심정도 모르고

그래도 거듭 보채면서 사정한다면
자신과의 싸움을 위해서 용기를 낼 수도 있는데

오래 생각하며 바둑 한 판 둘 때면
성질 급한 토끼는 또 자충수를 둔다.

거북은 오늘도  허우적대며
토끼의 아픈 곳을 콕콕 찔러나 본다.

# 6 저 눈빛

# 미안하다, 자주 올게

점점 가까이 다가가는 채전 밭은 정답다
토마토, 오이, 가지, 부추, 고추

일주일 만에 찾아가는 기분
저리 좋은가

가만가만 찍힌 고라니 발자국
지우고 지우며 하는 말

"미안하다, 자주 올게."

부서진 울타리 고쳐 놓고 보니
공포에서 벗어나 안도하는 푸성귀들

발걸음 멀어질수록
웃음소리 더욱 크게 들린다.

# 아직도 빼꾸기

시골에 가면
여기저기서 빼꾸기 소리 듣는다.
근심 없고 한가로운 마을이라고
가난에서 벗어나 편안하다고
나뭇잎 우거진 짙푸른 여름날이면
비 그치고 안개 사라진 맑은 날이면
어김없이 정겹게 울어 주던 빼꾸기

지난날
빼꾸기 소리 잘 내던 친구가 생각난다.
동네 계집애들 불러내던 익숙한 솜씨
아직도 그 버릇 못 고치고 아무 때나 자랑삼아 울어댄다
빼꾹, 빽 빼꾹
한겨울에도 울고
환갑이 한참 지난 지금에도 울고
참, 배알도 없나 보다
어쩜 속이 참 편안한 모양이다

산딸기 붉게 익는 산기슭에서
여유로운 미소 활짝 지으며
슬며시 두 손 모으고 힘차게 뻐꾸기 소리 낸다
뻐꾹, 뻑 뻐꾹
저 산에서 화답하는 소리
뻐꾹, 뻑 뻐꾹

# 고요

이른
새벽부터
포도 열매 솎아내는
멍게 껍질 같은 손이 바쁘다

밤새
상처 다독이며 끙끙 앓던 것들
사정없이 내동댕이쳐질 때마다
늙은 속은 오히려 무겁고 불편하다

칠십 평생 살아오며 터득한
'힘들게 사는 것보다 죽는 게 낫다'
따 놓은 열매들 파르르 떠는데
눈길 한 번 주지 않는다.

구름 사이로 돋아 오른 해를 보며
허리를 편다
우두두둑, 우두두둑

# 저 눈빛

“제발 부탁할게요.
 제 새끼들 사지 말아 주세요.”

영천장 한 모퉁이 강아지 파는 노전
강아지 세 마리에 어미 개도 따라왔다
한 달 조금 넘게 젖을 먹였을 뿐인데
어미의 저 눈빛
꿈틀대는 새끼에게서 떨어질 줄 모른다.
사람들이 다가와 새끼들을 살펴보면
사지 말아 달라고 애원이라도 하듯이
눈물을 글썽이면서
그들을 빤히 쳐다본다.

강아지가 팔려 갈 때마다 한참 쫓아가 보지만
새끼를 끝내 돌아오게 하지는 못했다

## 흥산리 골바람

골짜기에서 불어오는 바람은 신기하게도 풋풋한 기운 살아 있다
왼쪽 절골 바람은 부처님 설법 담겨 있는 듯, 소리만 들어도 시원하고
오른쪽 못골 바람은 생명줄처럼 끈적끈적하게
동네 사람들의 정이 녹아 있어 자꾸만 그리워지는 바람이다

마을회관에서 마주한 바람, 장구통 마을 지날 때는
산딸기나무는 슬쩍 매만져 주고 왔다 하고
대추나무는 흔들어서 씨 추리고 왔다 하고
귀머거리 할매 집 비 새는 가추 제대로 뜯어놓고
포도밭은 이랑 따라 부드럽게 지나치고
솔숲과 대숲 지나칠 때는 제법 소리 내며 지나간다.

매일 불어오는 바람소리만 들어도 마을 소식과 따스한 정 있어
벽 뚫고 하늘 오르는 기분이 든다
한겨울에도 흥산리 사람들 삽짝 활짝 열어 두고 산다.

# 온천지가

햇살이 너무 맑아
가을이 보일 것 같아
구경삼아 찾아 나섰다

앉아서 살펴보니
쑥부쟁이 들국화 향기 내뿜고
들깨밭에서는 고소한 냄새 떠다니고

서서 바라보니
노란 단풍 옻나무 잎사귀 떨어지는 소리
추임새처럼 알밤 떨어지는 소리 가끔 들리고

고개 들어 멀리 보니
담 넘어 홍시 고개 내밀고
산마루는 붉은 띠 두른 점령군 자욱하다

이런 걸 찾지 않았다면
온천지가 가을인데도
올해도 또 모르고 지나쳤을 게다

# 열무 경전

열무 씨를 뿌린 지 한 일주일
아침저녁으로 물을 주며
싹트기를 기다렸다
뾰족이 얼굴 내밀던 신비한 아침
손톱만큼 성큼 자란 그 이튿날
경전을 보듯 바라만 보고 있었다.

소갈머리 없는 사람들에게
귀 더럽히는 소리 안 듣고
철없는 젊은이들 무례한 행동으로
눈꼴 시린 꼬락서니 안 보아서 좋고
치열하게 푸르른 경쟁에도
고개 숙이는 일 없는 새싹들

바람이 슬쩍 불 때면 고개 숙여
"고맙습니다." 하고 합창하는 연놈들
이 꼴 저 꼴 안 보고
니 꼴 보며 사는 게

점점 익숙해지는 열무들
장하다
오늘 밤에 풀벌레 소리 듣겠다.

# 추수

따끈따끈 시월 햇살 가랑이 벌린 검은 육체
마당 한 켠 머리 풀고 벌벌 떠는 저 꼬투리
좌르륵 들깨 대사리 맞을수록 고소해

# 축가

허리 꼬부라진 송곡어른 산비탈 포도밭에서 키만큼 높이 달린 포도송이와 이야기 주고받으며 혼자 신이 나서 뽕짝 노래 틀어 놓고 큰소리로 따라 부르며 즐거워하는데

허리 꼿꼿한 송곡아지매 새참 머리에 이고 종종걸음으로 밭머리에 와서 "영감, 영감" 불러 보아도 노랫소리에 잠겨서 목만 아프다. 노랫소리 나는 기계 끄면서 앙칼지게 내뱉는다.

"영감은 내보다 노래가 좋나? 밥보다 노래가 더 좋나?"

누런 금니 보이면서 허허 웃다가 느닷없이 꼬부라진 허리 펴고는 마누라 덥석 안고

"이녁이 최고지"

하면서 두 바퀴 돌다가 여남 개 포도송이 망쳐 놓았다.

단내 맡고 찾아온 벌들이 두 사람 떠날 때까지 앵앵거린다.

# 잔인한 봄날

— 박근혜 탄핵 당하던 날

사철 푸른 소나무는 속이 꽉 차서 그렇고
사철 푸른 대나무는 속이 비어서 그렇다
지식 꽉 찬 지성인은 알면서도 죄짓고
머리 텅 빈 무지렁이는 몰라서 죄짓지만
멋진 소나무는 기둥 되어 집을 받치는데
잘난 지성인들은 나라 기둥은커녕
불쏘시개만도 못하니 이 씁쓸한 마음으로
지성산에 불이나 확 지르고 싶다
봄바람 타고 흔들리는 솔가지만도 못한 족속들
푸르다고 다 보석인 줄 착각하지 마라

# 7 해당화

# 요란한 봄

복수초 눈 덮어쓰고 눈 뒤집는다
마음 독하게 먹었나 보다

봄은 한산한 양지로 몰래 온다는데
금년 봄은 별스런 유난을 떨며 온다.

보슬비 아닌 소나기 줄기차게 퍼붓고
길도 무너지고 다리도 쓸려가고

바람에 눈까지  동반한 걸 보면
겨울이 무척 힘들고 아팠나 보다

그래도 눈 녹고 나니
꽃 피는 소리에 귀 따가운 날들이다

# 해당화

눈에 이골이 나도록 마주한 파도
부두의 비린내와 한 덩어리 된 코
고기비늘 닮은 매끈한 피부
술과 마주하며 건배 외치던 입술
밤이면 허공 끌어안고
별빛 찾아 헤맸다는 그녀
불길이었다.

# 배롱나무 아래서

뙤약볕 아래
서 있는 배롱나무

금산사 대웅전 지키는 두 그루
오랜 절의 굴곡과 흉터가 여기 다 있다

잔가지도 굽은 가지도 한결같은 혹부리
실타래 같이 얽힌 속세의 현장

세월 사이사이 교묘하게 뚫고 지나면서
망각하고 또 걱정하고 다짐하면서
새살 돋은 불그레한 마음으로 부처님 앞에 서면
모든 부질없음이 다 날아가나 보다

그래도
아름다운 고행은 역시 오래오래
식식거리며 참는 늦여름의 백일홍

# 꽃길

꽃 피는 거리가 아닌
꽃 지는 거리 걷는다

널브러진 꽃잎 피해
조심조심 한 걸음씩 뗀다.

시든 꽃잎 가장자리
내 발뒤꿈치 문다

아프다

바람에 팔랑팔랑 날리는 꽃잎
흥분하는 인파

자지러지는 밤

# 꽃잎 2

봄 내음 살랑살랑
가슴 울렁거리더니
온기 손돕에 닫기도 전에
꽃잎은 얄밉게도
저만치서 한들거린다.

물고기 힘찬 자맥질처럼
화끈한 봄기운 온몸으로 느끼며
개나리 벚꽃 목련 산수유 진달래…
틈에 끼어 향기 흠뻑 젖어들면
아주 피어날까 주름진 살림살이

바람에 쓸린 꽃잎 흩어지고 또 몰리고
관직도 명예도 없는 초라한 천민들
꽃향기에 취해 시들시들 시드는 낙화
땅에 떨어지는 순간 화려한 얼굴들
가면 하나 둘 벗겨진다.

## 무꽃

한 열흘쯤
물 한 모금 먹지 못하고
향기마저 말라버린 기갈 든 무꽃
골바람 쏘이는 척
주인 기다리며 목 쭉 빼고
꽃잎 흔들다가
다시 고개 숙여
물기 찾는 잔뿌리의 끈기 생각하는데
성질 급해 지레 시드는 속잎
갉아먹던 다리 많은 벌레 두 마리
목이 말라 헉헉거리는
오월 말의 무밭이 희끗희끗하다

# 재생

태풍이 지나간 후에 나는 눕혀졌고
강물이 흘러가면서 여기 두고 갔다
큰물이 지나간 허허벌판
죽음을 예감한 나만의 자유가 싹튼다.

옹이에 잡풀들 돋아나고
속은 굼벵이가 갉아대고
들쥐도 남향으로 보금자리 트는데
눈 코 간 쓸개 다 내주고
편안하게 웃고 있다

저 화면에 비쳐진 젊은이의 미소처럼
'뇌사 상태 대학생 장기 기증'

갈대에 둘러싸인 아늑한 강변
길게 자리잡은 나무둥치
왜가리 한 쌍 잠시 머물다 간다.
너의 재생 알리는 긴 노래 부르며

# 목련이 핀다

한반도 동남쪽 달구벌 옛터
긴 겨울 밀어내며 목련꽃 핀다.
팔공산에도 금호강에도
말갛게 얼굴 씻고 활짝 피었다

따스한 햇살 넘치는 수성못가에도
청라언덕에 서성이던 꽃무리들
이제 조촐한 보금자리 하나 보듬고
마음의 문 활짝 열고 서로 미소 짓는다
바람 없는 내일 위해 두둥실 춤도 춘다.

아직은 겨울바람 매서워
잎사귀들 긴 꼬리 감추지만
날뫼춤 시나위에 신명 맞춰
덩실덩실 어깨춤 추며 가슴을 열자
눈빛 마주보며 둥글게 더 둥글게
왼발 먼저 쿵쿵 굴리고 두 손 들고 얼쑤
오른발 들고 고개 돌려 동쪽 하늘 바라본다.

달구벌에 온통 목련꽃이 핀다.
언덕마다 하얀 목련꽃이 핀다.

# 궁합

더운 한낮
쑥갓 꽃이 만발이다

혼자 보기 아까워 사진 찍어
친구한테 보냈다

‘지금 꽃 잘라야 한 번 더 먹는다.’
고 즉시 회신 왔다

아깝지만 낫으로 가는 허리 뭉텅뭉텅 자르는데
아내는 소녀처럼 꽃이 좋다고 못 자르게 한다.

한술 더 떠서
나보고 잔인하다면서 잘려 나간 꽃을 줍는다.

꽃 보는 눈은 선하고
잎 먹는 입은 악이라고

꽃잎의 궁합으로 여태까지 잘 살아왔으니
반반으로 하자며 마주보고 웃었다

# 노을빛

산 정상까지 아무 말 없이 걸었다
모두 마음이 바빠서 걸음 재촉했다
산마루 너럭바위 식양 비치고
땀 흘린 맑은 얼굴들 서로 바라보며
내려갈 일 걱정하고 있다
아쉬운 마음
또 말없이 산 아래 바라보고 있다
누가 먼저라고 말하지 않아도 곧장
순서 정해지고 마주 웃는다.
산비탈엔 노을빛 받은 산국화 구절초
더 향기롭고 한가하다
잠시 바쁜 삶 쉬려고 한 등산인데
또다시 석양에 쫓기듯 내려오다 보니
두런두런 들리는 얘기 소리 없고
발자국 소리만 초침처럼 놀 속으로 사라진다.

# 미스 김 라일락

반갑구나. 김 양
말도 없이 훌쩍 미국으로 갔다더니
언제 돌아왔나

백옥 같던 얼굴이 연보라 되었네
집안 가득한 너의 체취
수십 년 맡아 온 친숙한 그 향기
뭉게구름 닮은 작은 꽃송이들

불안한 속내 숨기려 얼굴 못 들고
다시는 떠나지 않으리라 다짐하며
내뿜는 너의 살내음
뿡 숨이 멎는다.

이름도 바뀌었네. 미스 김 라일락
그래도 옛정 못 잊는 수수꽃다리
은은한 향기 흘리며 마주보고 웃는다.

## 해설

# 친자연, 가족, 교시, 재미 그리고 불교 제재

공 광 규 시인

해설

# 친자연, 가족, 교시, 재미 그리고 불교 제재

공 광 규 시인

필자의 일가 어른인 공영구 시인은 지인이나 지식들을 "삶의 눈을 장식하는 데 불과"한 것으로 인식한다. 이런 것들이 '인생의 장식이고 껍데기'일 뿐이지 인간 존재의 본질이 아니라는 것이다. 오랫동안 시를 써 온 시인은 시 역시 마찬가지로 인생의 장식품이 아닐까 하는 근원적 의심을 하고 있다. 그러나 이런 의심에도 불구하고 시인은 시를 "알면서도 시를 버릴 수 없어 곁에 두고 있다"고 한다.

시인은 인생에서 시가 아무런 의미도 없다는 걸 알면서도, 의미를 부여해 보려고 "작은 용기와 어설픈 요령"으로 시를 쓰고 있다고 한다. 그나마 시만이 위선적이고 장식적인 삶을 거두어내고 인간 본질을 찾아가는 수단일 수 있다는 미련과 희망 때문일 것이다. 이런 시관을 가지고 있는 공영구의 이번 시집 특징을 거칠게 유형화하면 친자연 서정과 가족 일화를 통한 주제 확장, 교시적 내용과 구성의 재미, 불교 제재의 시적 수용일 것이다.

## 1. 친자연적 서정과 가족 일화를 통한 주제 확장

공영구의 시에는 자연 사물이 빈번하게 등장한다. 시가 생활 경험의 반영일 때 시인의 생활 반경이 친자연적 환경의 자장 안에 있다는 것을 알 수 있다. 그의 시에는 조수는 물론 수목과 화초가 수없이 등장한다. 시인은 이런 조수와 수목, 화초를 자연 차원에서 단순 묘사하는 것에 그치지 않는다. 인생을 비유하는 매개로 사용한다. 시적 의미와 내용의 깊이를 비유적 방식으로 활용하는 것이다.

그런 측면에서 「누치 떼를 보다」, 「눈 내리는 저녁」, 「조문」, 「온 천지가」, 「추수」, 「축기」, 「열무 경전」, 「한청」 같은 시들은 주목할 수밖에 없다. 자연을 이야기하면서 인생을 이야기하는 시들이다. 오래된 전통적 창작 방식이며, 여기에 기반 한 시편들이 시로서 실패할 확률이 많지 않다는 것을 확인할 수 있다. 술렁술렁 자연을 이야기하면서 인간을 이야기하는 방식이 우리가 그간 해 온 방법이기 때문이다.

강 옆 지나치다가
햇살교 다리를 지나치다가
누치 떼들 몰려다니는 거 본다.

꼬리 많이 흔드는 놈
배 자주 뒤집는 놈
먹이 찾아 요리조리 더듬는 놈

우리네 사는 모습과 꽤 닮았다
큰 놈이 앞에 있고
다음 큰 놈이 뒤에서 어슬렁거린다.

어쩌면, 왕따도 가정 폭력도 없고
성폭력 존속 살인도 없는 세상
그래서 햇살에 반짝이는 상처 없는 비늘들

수초 자욱한 길을 겁 없이 오가며
살랑살랑 흥겹게 노니는
세상 물정 모르는 누치 떼의 유유한 하루

―「누치 떼를 보다」 전문

화자는 강가를 지나치다가 다리 위에서 누치 떼를 본다. 몰려다니는 누치 떼 모습들을 살펴보면 그 안에서도 제각각이다. 꼬리를 많이 흔들거나 배를 자주 뒤집고, 먹이를 찾아 더듬기도 한다. 여러 가지 모양으로 나름의 개성적인 몸짓을 하고 있는 것이다. 여기까지 오면 이 시가 누치 떼를 통해 사람의 집단을 비유하고 있다는 것을 알 수 있다. 회자는 바로 다음 연에서 물고기의 사는 모습이 "우리네 사는 모습과 닮았다"고 한다.

다시 정리하변 시의 도입부인 1,2연에서는 누치 떼의 생태적 특성을 단순 기술한다. 3연에서는 누치 떼의 생태가 사람들이 사는 모습과 다르지 않으며, 그러한 사례로 사람들이 서열을 짓듯 누치 역시 큰 놈이 앞에 있고 다음 큰 놈이 뒤에서 어슬렁댄다는 것이다. 물고기의 생태를 관찰한 화자가 인간의 생태와 같다는 단언을 내린다. 그 이유는 4연에서 다시 물고기와 사람은 행실이 같지 않다는 것을 부정하기 위해서다.

누치와 다르게 사람들의 집단에서는 왕따와 가정 폭력을 행사하며, 성폭력이나 존속살인을 한다. 시인이 이 시를 통해 의도하는 것은 현재 인간 집단의 삶과 반대의 삶, 누치 떼와 같은 삶이다. 동물의 본성이라는 것이 서열을 짓는 것이기는 하지만, 사람을 해하는 행위를 하지 말고 물고기처럼 "수초 자욱한"곳에서 유유자적하며 살아가자는 것이다. 비인간성에 대한 비판이자 친자연적 삶의 회복을 희구한다.

시 「누치 떼를 보다」가 자연과 같이 살라는 주문이라면, 시 「눈 내리는 저녁」은 자연과 동화된 화자의 행위를 진술

하고 있다. "땅 위에 떨어지면 죽을 것을 알면서도 / 나뭇가지에 매달려" 살려 달라고 "애원하지도 않고" 춤을 추며 즐거워하는 "눈을 보니" 화자도 "춤추고 싶다"는 것이다. 죽음이나 미래에 대한 걱정 없이 현재를 즐기는 것이 자연적인 삶에 부합하는 것이라는 생명관이다. 결국 "눈송이들이야 춤추든지 말든지" "녹든지 말든지" 인간 고유의 생명 활동을 하겠다는 것이다.

공영구 시에는 가족 일화가 많이 등장한다. 시인은 이런 가족 일화를 단순 소개하는 것이 아니라, 다른 주제로 확장시켜 나간다. 시 「아버지의 손」, 「등」, 「내 몸의 촉수」, 「여자의 힘」, 「멀리 보다」, 「약」 등이다.

부잣집 귀한 손 뽀얀 손
먹물 묻어 씻으면 붓털 같던 그 손
전쟁통에는 이도저도 아닌 어정쩡한 손
쫓기고 숨느라 마구 비비던 손
방앗간 원동기 돌리던 기름진 손
볏가마니 업고 지던 우악스런 손
사람 손 아니고 나무뿌리 닮았다
악수할 때마다 미적대며 부끄러워하던 손
지문 없어도 석돌처럼 거칠어도
밭 매다 풀물 배어든 푸르죽죽한 엄마 손보다
내 손 한 번 다정하게 잡아 준 적 없는

주머니에 넣어도 환하게 빛나던 손

—「아버지의 손」 전문

아버지 장에 갔다가 오시지 않는다.
엄마는 동구 밖 자꾸 내다본다.
흰 두루마기 펄럭이면 행여나 하고 또 본다.
볼 때마다 눈 위에 손 얹는다.
그래야 더 정확하게 더 멀리 볼 수 있단다.
요즘 나도 습관처럼 멀리 볼 때는 손 올라간다.

신기하다.

—「멀리 보다–看」 전문

시 「아버지의 손」은 손을 통해 현대사의 굴곡을 곡진하게 그리고 있다. 원래 부잣집의 귀한 자손이어서 "먹물 묻어 씻으면 붓털 같"이 부드러웠으나, 전쟁 통에 좌우 틈바구니에서 살아남기 위해 손을 비비고, 이후에는 가족의 생계를 위해 원동기를 돌리고 가마니를 나르느라 손이 나무뿌리를 닮았다는 것이다. 지문이 닳도록 일하고 거칠어져 악수를 할 때도 내놓는 것을 미적이던 손이지만, 결국은 가족을 먹여 살린 환한 손이다.

시 「멀리보다」는 한자 간(看=손을 이마에 얹고 바라보다)의 의미를 구체화하여 어머니와 아버지의 일화로 풀어쓰고 있다.

장에 가신 아버지를 어머니가 이마에 손을 얹고 동구 밖을 내다보는 모습으로 사건화하고 있다. 어머니가 그랬듯 화자도 습관처럼 멀리 볼 때마다 손을 이마에 올린다고 한다.

## 2. 교시적 내용과 구성의 재미

문학의 목적은 효용적 측면에서 보편적으로 쾌락적 목적과 교시적 목적으로 이분한다. 공영구의 시에서 재미를 주로 하는 시들은 쾌락적 목적에 해당할 것이다. 그런데 시인의 시 곳곳에 세상이나 독자를 가르치려는 내용의 시들이 발견된다. 시 「가슴이 없다」, 「시월」, 「여자의 힘」, 「사랑이란」, 「약」, 「잔인한 족속」 같은 시들이다. 이들은 교시적 목적이 강하게 읽힌다.

어쩌자고 주위 사람들
가슴이 자꾸 없어지는지

떠다니는 저 달은 빛이란 것이 있고
흔들리는 나무도 그늘이란 것이 있고
흐르는 물에도 생명이란 것이 있다

그러나

사기꾼은 가슴이 없다
의붓딸을 학대한 계모도
조폭 똘마니도
허우대 멀쩡한 고위 공직자도
무언가를, 누군가를 사랑하는 가슴이 없다

동구 밖 선돌미지
벙어리가 되어 있고
짖어대던 강아지도
세상 돌아가는 것 하도 어이없어
멍하니 허공만 바라보는 요즈음

—「가슴이 없다」 전문

화자는 주위에 '가슴'이 있는 사람들이 자꾸 사라지는 것을 걱정한다. 달이나 나무, 흐르는 물에도 젖이라는 것이 있지만 "사기꾼" "의붓딸을 학대한 계모" "조폭 똘마니" "허우대 멀쩡한 고위공직자"들은 "무언가를, 누군가를 사랑하는 가슴이 없다"고 단언한다. 천지 자연물마다 가지고 있는 젖, 즉 사람을 사랑하는 '가슴'이 있지만 사람이 사람을 사랑하는 '가슴'이 없는 세태를 비난하고 있다. 이런 사람의 모습에 동구 밖 산동이나 강아지들도 어이가 없어 아무 말 없이 허공만 바라보고 있다.

시 「여자의 힘」에서는 "그릇과 여자는 밖으로 돌리면 깨"

진다며 집을 지키던 어머니와 "돈 번다고 밖으로 돌던 누나"의 사례를 통해 여자가 "집안에 있든지 밖으로 돌든지" 가치가 같으며, 어떤 방식이든 "집에는 여자가 있어야 훈기가 돈다."고 한다. 시 「시월」은 가물어서 댐 저수량이 뚝뚝 떨어짐에도 사람들은 정신을 차리지 못하고 관광버스를 타고 놀러 다닌다며 세태를 비판한다.

오래오래 살다 보면
별일 다 겪는다.

할머니는 언제 제일 행복했는데
하고 손자가 물으니
"사는 게 너무 힘들어 고생밖에 모린다."
"행복이 뭔데?"
하고 다시 묻는다
그라마 뭐가 제일 맛없던데
"사는 게 너무 힘들어 입에 드가는 것은 다 맛있었다.
맛없는 게 어떤 것인지 모린다."

아는 게 병이라는데
할머니는 모르고 사는 게 약이다

―「약」 전문

위 시는 '모르는 게 약이라'는 경구를 문답식 대화어법을 통해 보여 준다. 오랜 산 할머니에게 손자가 행복을 물으니, 고생밖에 모른다며, 오히려 행복이 뭐냐고 되묻는다. 행복에 대한 대답을 듣지 못한 손자는 제일 맛있는 것이 뭐였냐고 다시 묻는다. 할머니의 대답 또한 가관이다. 입에 들어가는 것은 다 맛있었다고. 그러면서 맛없는 게 어떤 것이냐고 할머니는 되묻는다. 할머니는 평생 힘들게 살아서 행복과 맛있는 것에 대한 것을 모르고 살았다. 그러니 모르는 것이 약이다. 시인은 화자를 통해 결국은 아는 게 병이고 모르고 사는 게 약이라는 결론을 내린다.

공영구의 시에 구성을 재미있게 한 여러 시편이 보인다. 시에서 재미는 중요하며 고전이 되게 하는 첫 번째 조건일 수도 있다. 재미가 있어야 사람들이 관심을 갖고 입으로 글자로 전하기 때문이다. 이런 재미의 방식도 그의 시 창작 방법 특징 중 하나라고 보면 된다. 대부분 시집의 앞쪽에 배치한 「나비처럼」, 「왕버들 웃다」, 「혹시나」, 「헛물」, 「참 좋다」, 「동창생」, 「미스 김 라일락」, 「눈 내리는 저녁」 등을 꼽을 수 있다.

> 풀 향기 들락날락하는 여름날
> 나비가 분주하게 꽃에서 꽃으로 옮겨 다닌다.
>
> 한 꽃에게만 가는 일 없고

한 꽃에게만 머무는 일 없다

한밤 어느 여인의 앙칼진 소리

"또 어느 년하고 놀다 왔노?"
"하루 이틀도 아니고 거서 살지 와 왔노?"

이웃집 싸우는 소리에 잠 깬 밤, 흐흐흐
나비가 되고 싶은 마음 불현듯 스친다.

—「나비처럼」 전문

주산지 놀러 간 세 여자
시퍼렇게 일렁대는 왕버들에 반해
바람 타고 숲 깊숙이 들어갔는데

하필 그때 찌릿찌릿
오줌 마려워
두 여자 망보고
차례로 엉덩이 깠다

그래서, 숫버들
참 많이 꼴렸다

그것도 모르고 여자들
물색없이 한 번씩 굵은 나무둥치

안아 주고 왔다는데

왕버들 내년엔
더 푸르고 싱싱할 거다
되돌아가는 탱탱한 엉덩이
오래오래 기억하고 있을 거다

—「왕버들 웃다」 전문

위 두 편의 시는 남녀 성담을 재미있게 구성한다. 시 「나비가 되고 싶다」는 꿀을 따려고 이 꽃 저 꽃 옮겨 다니는 나비에다 이 여자 저 여자 옮겨 다니며 바람을 피우는 남자를 비유하고 있다. 한밤에 늦게 집에 들어온 남편에게 퍼붓는 이웃집 여자의 앙칼진 소리를 대화법으로 처리하고 있다. 인용을 통한 대화법은 노골적이고 저속한 표현을 적극적으로 드러내는 데 사용한다.

시인은 이런 강력한 대화법을 통해 본인은 물론 독자에게 통쾌한 재미와 카타르시스를 준다. 또 이런 대화 끝에 화자가 스스로 나비가 되고 싶다고 하면서 자기 풍자로 발전시킨다. 자기 풍자는 오래된 창작 기법이다.

시 「왕버들 웃다」는 시정의 우스갯말을 시에 차용하였거나, 이야기를 시인이 만들어 낸 것으로 보인다. 가능한 일이며 이러한 방식도 시가 된다. 시적 장소인 주산지에 놀러간 여자 셋과 수 버들을 남자로 의인화하여 육담으로 구성하고 있다. "엉덩이를 깠다"와 "참 많이 꼴렸다"는 노골적인 표현이 재미를 더한다. 엉덩이를 까고 오줌을 눈 다음에 수버들을 한 번씩 안아 주어서 내년에는 더 푸르고 싱싱할 것이라는 능청이 시에 재미를 더한다.

시 「혹시나」는 춤 방에서 소재를 가져 온 것이다. 시인은 춤 방에 드나드는 사람을 "운동선수들"이라고 한다. 이 선수들이 가슴이 부풀어 춤 방에 가면 호흡이 잘 맞는 상대를 만나 즐기다 올 것 같지만 현실은 그렇지가 않다. 기대가 항상 무너진다. 한물 간 자신을 생각하지 않고 상대를 엮을 기회만 노리는 한심한 냉가슴들은 "뽕짝 반주에 돌고 또 돌다" 돌아올 뿐이다.

인간은 남녀와 노소 구분 없이 이성에 대한 기대와 그렇지 않은 현실이 있다는 것을 춤방 서사를 통해 보여 주고 있다.

### 3. 불교 제제 수용

공영구의 시에 불교 제재를 수용한 시들이 심심치 않게 보인다. 시 「향일암」, 「빈 속」, 「소원등」, 「생불」, 「홍산리 바람」, 「배롱나무 아래서」 등이다. 바닷가에 직면해 있는 <향일암>은 몇 년 전에 큰 화재로 불에 탄 적이 있다. 지금은 새로 지어졌다. 시인은 이러한 지리적 위치와 화재 사실을 짧은 시로 재구성하고 있다.

암자 아래 바다
바다 끝에 암자

서로 팽팽한 평화를 누리고 있다

암자 벼랑 아래, 노는
작은 파도들

태풍을 머금은 저 바다
불타는 암자를 기억한다.

—「향일암」 전문

바닷가에 있는 암자를 "암자 아래 바다 / 바다 끝에 암자"로 물리적 위치를 오묘하게 제시하고 있다. 바다 끝이자 바다 위에 있는 암자는 긴장된 평화를 누리고 있다. 그러나 암자 아래서 노는 파도들은 언제 올지 모르는 태풍을 머금고 있기도 하고 불타고 있는 암자를 기억하기도 한다.

도토리 속이 녹아내려 바닥이 시커멓게 된
선운사 냇물은 언뜻 보기에 참 맑아 보인다.

돌과 낙엽이 거뭇거뭇해서 더 맑다

천왕문 입구 벚나무는 좁쌀 같은 꽃순 움 틔우는데
썩은 나무토막 하나 길가에 모로 누워 건방지게 길손 맞는다.

꽤나 오래된 듯 껍질은 없고 속살마저 패여 있다
뒤로 돌아서 보니 속이 없다
배알이 없다

텅 빈 속

부처님 모시는 몸이라 성 한 번 못 내고
몇 백 년 살아오는 동안 그 많은 사연 다 삭이느라
속 다 태웠나 보다. 새까만 똥 수없이 싸고 또 싸고

빈속에 뱃심인들 있을까
모진 태풍에 팔 부러지고 허리 부러지고
벼락맞아 한꺼번에 속 확 비워냈는데도
시치미 딱 떼고 비운 속 안고 공덕 쌓는 너

참 우러러보이는 속 빈 나무 등걸
여기 불상도 속이 비어 있다던데

—「빈 속」 전문

화자는 선운사 냇물 바닥이 시커멓게 된 것은 도토리 속이 녹아 내려서, 냇물이 참 맑아 보이는 것은 돌과 낙엽이 거뭇거뭇해서 그렇다고 한다. 그러다 화자의 시선은 냇물에서 천왕문 입구 벚나무로 옮겨 간다. 꽃망울을 좁쌀처럼 틔우는 벚나무. 나뭇가지가 썩어 떨어진 길가에 뒹굴기도 한다. 벚나무는 오래 살아서 껍질은 없고 속살도 패여 있다. 속이 배알이 없는 것이다.

그런데 벚나무들은 이렇게 속을 썩으며 살지만 절에서 부처님을 모시고 있는 몸이라 성 한 번 못 내고 살아왔다. 당연히 많은 사연을 삭이고, 태우고 사느라 새카만 똥을 쌀 수밖에 없었다. 속이 비어 있는 사람이 뱃심이 없듯, 벚나무도 속이 비어 뱃심이 없을 것이다. 아무튼 "모진 태풍에 팔 부러지고 허리 부러지고 / 벼락 맞아 한꺼번에 속 확 비워"낸 나무는 이런 사건들에 연연하거나 드러내지 않고 있다.

속상한 일이 있어도 일희일비하지 않고 그것을 참아내는 일, 참아서 다른 것을 맑게 하는 일, 이것이 공덕을 쌓는 일이라는 시인의 메시지다. 화자에게는 이런 나무가 우러러 보일 뿐이고, 이렇게 속이 빈 나무처럼 이 절의 불상도 속이 비었다고 한다. 오랫동안 속이 빈 채로 사는 벚나무와 속이 빈 불상을 등치시키고 있다. 오래 산 나무 역시 불상과 같다는 비유다.

시 「소원등」은 베트남 향강 변에 덕장의 명태처럼 매달려

꺼질 듯 말 듯 출렁이는 등불을 불경 속의 '빈자일등貧者一燈' 설화에 비추어 보고 있다. 화자가 이런 향강의 등불을 "정성이 간절하면 꺼지지 않으리라"는 석가모니의 음성이 들리는 듯하여 돌아보면서 떠난다는 광경이 그려진다. 시 「생불」은 목욕탕에서 등에 문신을 하고 들어온 벌거숭이들에게는 공포를 느끼지만, 관음보살을 새긴 문신을 보면 보살을 닮아 편안하다고 이야기를 한다.

시 「흥산리 골바람」에서 절골에서 불어오는 바람은 부처님 설법이 담겨 있는 듯 시원하다고 한다. 「배롱나무 아래서」는 금산사의 정경을 읊고 있다. 대웅전을 지키듯이 서 있는 배롱나무는 "오랜 절의 굴곡과 흉터를" 가지고 있다. 화자는 굵거나 가늘거나 할 것 없이 혹부리가 나 있는 가지를 실타래 같이 얽히고설킨 속세에 비유한다.

공영구의 시를 몇 가지로 거칠게 유형화하여 살펴보았다. 오랫동안 시를 써 온 시인은 위선적이고 장식적인 삶을 거둬내고 인간 본질을 찾아가는 데는 시만 한 것이 없다고 믿고 있다. 이를 구체적인 시 창작 실천으로 보여 주고 있다. 시가 생활 경험의 반영이듯 시인의 시에는 친자연적 서정이 가득하다. 가족 일화를 통해 굴곡진 현대사나 삶의 핍진함과 인생의 원리를 구체적으로 드러내기도 한다.

그러가 하면 오랜 유가적이고 전통적 시관인 교시적 내용을 시로 보여 주거나 남녀의 육담을 재미있게 처리하는 시적 구성을 통해 독자에게 웃음을 선사하기도 한다. 시가 재미없어 외면당하는 이때 반갑지 않을 수 없다. 그리고 불교제재를 수용한 시에는 내면의 윤리나 태도, 인생관을 비추고 있다. 그럼에도 무엇보다 공영구 시의 장점은 잘 읽힌다는 것과, 거짓 없고 거칠 것 없는 마음의 토로, 재미있는 구성으로 독자들을 흡입한다는 것이다.

**공영구**

경북 영천에서 출생하여《심상》신인상을 수상하였다. 시집『엄마의 땅』『여자가 거울을 보는 것은』『오늘 하루』『달빛 비우기』가 있고 문집『방앗간집 아이들』상·하권, 칼럼집『말부자의 완행열차』등이 있다. 대구광역시 문인협회 회장, 대구광역시 문화예술위원회 위원을 역임하고 대한민국 예술 문화상을 수상하였다. 한국문인협회, 대구문인협회, 대구시인협회, 대구펜문학회, 이후문학회, 일일문학회, 대구심상문학회 회원으로 활동 중이다.

gongboll@hanmail.net

공영구 시집

누치 떼를 보다



**초판 1쇄 발행** 2018년 10월 10일

**지은이** 공영구
**펴낸이** 이은재

**펴낸곳** 도서출판 그루
**출판등록** 1983. 3. 26(제1-61호)
**주소** 42452 대구광역시 남구 큰골 3길 30
**전화** 053-253-7872
**팩스** 053-257-7884
**전자우편** guroo@guroo.co.kr

ISBN 978-89-8069-389-4

*본 사업은 2018 대구문화재단 개인예술가창작지원사업입니다.